BEI GRIN MACHT SICH IHR WISSEN BEZAHLT

AF144706

- Wir veröffentlichen Ihre Hausarbeit,
  Bachelor- und Masterarbeit

- Ihr eigenes eBook und Buch -
  weltweit in allen wichtigen Shops

- Verdienen Sie an jedem Verkauf

Jetzt bei www.GRIN.com hochladen und kostenlos publizieren

GRIN

Bibliografische Information der Deutschen Nationalbibliothek:

Die Deutsche Bibliothek verzeichnet diese Publikation in der Deutschen National-
bibliografie; detaillierte bibliografische Daten sind im Internet über http://dnb.d-
nb.de/ abrufbar.

Impressum:

Copyright © 2015 GRIN Verlag, Open Publishing GmbH
Druck und Bindung: Books on Demand GmbH, Norderstedt Germany
ISBN: 9783668347397

Dieses Buch bei GRIN:

http://www.grin.com/de/e-book/344969/allgemeine-psychologie-ueberblick-ueber-
die-themen-motivation-emotionen

Rubi Mauer

Allgemeine Psychologie. Überblick über die Themen Motivation, Emotionen und Arbeitsstrukturierung

GRIN Verlag

GRIN - Your knowledge has value

Der GRIN Verlag publiziert seit 1998 wissenschaftliche Arbeiten von Studenten, Hochschullehrern und anderen Akademikern als eBook und gedrucktes Buch. Die Verlagswebsite www.grin.com ist die ideale Plattform zur Veröffentlichung von Hausarbeiten, Abschlussarbeiten, wissenschaftlichen Aufsätzen, Dissertationen und Fachbüchern.

Besuchen Sie uns im Internet:

http://www.grin.com/

http://www.facebook.com/grincom

http://www.twitter.com/grin_com

Einsendeaufgaben

Alternative A

Per Post aufgegeben am: 04.05.15

SRH Fernhochschule Riedlingen

Modul: Allgemeine Psychologie 2

Studiengang: Prävention und Gesundheitspsychologie

Lehrplansemester: 2

Inhaltsverzeichnis

Abbildungsverzeichnis

Einleitung

Diese Eingabearbeit gibt einen Überblick über die Themengebiete Motivation, Emotion und Arbeitsstrukturierungsmaßnahmen. Im ersten Teil werden die Begriffe Motiv und Motivation definiert und voneinander abgegrenzt. Der Leser erfährt an Beispielen, welche grundlegenden Motive es gibt, wodurch sie gekennzeichnet sind und wie sie gemessen werden. Der nachfolgende Abschnitt beschäftigt mit den Konsequenzen dieser Messungen für die Personalauswahl. Im zweiten Teil geht es um Emotionen, wobei auch hier zuerst der Begriff definiert und gegen andere Begriffe abgegrenzt wird, die im emotionalen Kontext häufig verwendet werden. Außerdem werden Bestandteile von Emotionen genannt und kurz erläutert. Aus der Vielzahl der Emotionstheorien hat die Autorin sich jeweils zwei Theorien aus zwei Theorieansätzen ausgewählt, stellt sie gegenüber und zeigt, in welchen Aspekten sie sich widersprechen oder aufeinander aufbauen. Im Sinne der Nützlichkeit für die Praxis erfährt man welche Theorien heute hauptsächlich Anwendung finden. Die Theorie nach Lazarus wird an einem Beispiel noch einmal vertiefend dargestellt. Der dritte Teil behandelt drei Maßnahmen zur Arbeitsstrukturierung, Job Rotation, Job Enlargement und Job Enrichment. Die Begriffe werden zuerst erklärt, danach werden die Vorteile und Nachteile aufgezählt. Außerdem wird anhand von Beispielen deutlich gemacht, wann welche der Maßnahmen zum Einsatz kommt. Der Leser erfährt auch, wann keine der Maßnahmen Verwendung findet und warum. Zum Schluss wird die Habithierarchie in ihrer Entstehung skizziert, dann erläutert und kritisch hinterfragt.

A1

A1.1 Motivation und Motiv

Motivation[1] ist ein Überbegriff für richtungs- und impulsgebende Prozesse. Sie bewirkt im weitesten Sinne physische und psychische Aktivität. Dies wird auch durch die Herkunft des Wortes aus dem Lateinischen „movere" für „bewegen" deutlich. Lebewesen lassen sich von Reizen und Aktivitäten lenken, nähern sich an oder distanzieren sich. Es wird ein zielgerichtetes Verhalten ausgelöst und aufrechterhalten. Motivation entsteht durch eine Interaktion von Person und Umwelt, wobei eine Aktion nur bei einer Passung von Motiv und Anreiz stattfindet[2]. Die Motivationsforschung

---

[1] Vgl. Gerrig, R./Zimbardo, P.: 2008, S. 414.
[2] Vgl. Rothermund,K./Eder, A.: 2011, S. 93.

beschäftigt sich mit den Ursachen und Zusammenhängen der Auslösung und Ausrichtung eines Verhaltens aus verschiedenen Perspektiven. Motive [3] hingegen beinhalten immer eine Bewertung hinsichtlich der Relevanz für das Überleben des Individuums. Man kann sie auch als stammesgeschichtliche Anpassung auf Umweltbedingungen bezeichnen. Motive sind sowohl genetisch verankert (z.b. Hunger, Sexualität) als auch kulturell (z.b. Leistung) beeinflusst. Sozialisierte Motive sind individuell abgespeichert, genetische Motive betreffen grundlegend und generell alle Menschen.

A1.2 Drei Beispiele für grundlegende Motive

Motivtheorien[4] sollen Basismotive erfassen, auf deren Grundlage sich die wichtigsten Antriebe und Bedürfnisse hinsichtlich ihrer Verhaltensauslösung erklären lassen. Sie versuchen, die scheinbare Unübersichtlichkeit menschlicher Wünsche, Vorlieben und Bedürfnisse zu systematisieren und thematisch zu gruppieren[5]. Aktuell konzentriert sich die Motivforschung vor allem auf die Motive Leistung, Macht und Anschluss als grundlegende Themen menschlicher Bedürfnisse. Eine weitere wichtige theoretische Perspektive betrifft Ziele, Identitätsziele und Selbstdefinitionen. Sie erklärt menschliches Verhalten in Bezug auf eine Zielhierarchie. Im Sinne eines integrativen Verständnisses vermischen sich Bedürfnisse und Ziele. Die folgenden drei Motive stellen einen kleinen Ausschnitt dar. Sie haben allerdings zu fast allen menschlichen Aktivitäten und Zielen eine Verbindung.

Das **Leistungsmotiv** [6] gilt als gesellschaftlich begründet, beruht auf Sozialisationstechniken und ist das am gründlichsten untersuchte Motiv. Bestandteile sind der Wunsch nach Kontrolle, das Streben nach herausragenden Leistungen und das Erreichen eines hohen Standards. Die eigene Leistung wird mit denen der anderen oder mit eigenen früheren Leistungen verglichen, wobei ein „Tüchtigkeitsmaßstab" angelegt wird. Zentrale begleitende Emotionen sind Stolz bei Erfolg und Scham bei Misserfolg. Voraussetzungen für dieses Motiv sind kognitive Fähigkeiten, da die eigene Leistung selbst bewertet wird. Leistungshandeln entstand evolutionsbiologisch gesehen aus der Übernahme von Gütestandards. Es erhöht die Wahrscheinlichkeit von Wohlstand und somit die Überlebens- und Fortpflanzungschancen. Bedingung für das Leistungsmotiv

---

[3] Vgl. Winke-Fischer, S.: 2013, S. 11.

[4] Ebenda, S. 53-56.

[5] Vgl. Rothermund,K./Eder, A.: 2011, S. 89.

[6] Vgl. Winke-Fischer, S.: 2013, S. 57f.

ist, dass ein Ergebnis auf eigenen Anstrengungen und Fähigkeiten beruht. Zufall oder Hilfe von anderen löst nicht die beiden schon genannten charakteristischen Emotionen aus. Ein spannender physiologischer Aspekt besteht im Fehlen spezifischer Hormone welche sowohl beim Anschlussmotiv als auch beim Machtmotiv nachgewiesen wurden. Man kann dies als Untermauerung der Verbindung zu den kognitiven Fähigkeiten deuten, da eine schwierige Aufgabe bewältigt werden soll und eher eine Sachorientierung vorliegt. Weiterhin unterscheidet man die Hoffnung auf Erfolg und die Furcht vor Misserfolg, da immer auch die Möglichkeit des Scheiterns besteht. Bei Ersterem werden Aufgaben mittleren Schwierigkeitsgrad gewählt, bei Furcht vor Misserfolg Aufgaben mit hohem oder niedrigem Schwierigkeitsgrad, um das Scheitern nicht eigener Unfähigkeit zuschreiben zu müssen. Was zählt, ist die Leistung an sich, nicht eventuelles Geld, was man dafür erhält. So erklärt sich der Stolz über die schwierige, aber gelingende Reparatur eines Radioweckers, der etwa zehn Euro wert ist. Das **Machtmotiv**[7] basiert auf der Durchsetzung des eigenen Willens in sozialen Bezügen auch gegen Widerstände, wobei der Fokus vor allem auf der Durchsetzung eigener Ziele mit allen zur Verfügung stehenden Mitteln liegt[8]. Diese Beschreibung lässt den ambivalenten Charakter dieses Motivs erkennen. Einerseits bedeutet Macht Einfluss und Wirksamkeit, andererseits auch Zwang und unlautere Ausübung von Macht. Der Zielanreiz besteht aus Kontrolle durch Dominanz, um Vorteile für sich zu erlangen. Diese betreffen den zum Beispiel den Zugang zu Ressourcen und die Fortpflanzung. Es wird ein möglichst hoher Status angestrebt. Physiologisch korreliert das Machtmotiv mit dem Sexualhormon Testosteron, wobei dies bisher nur bei Männern ausreichend erforscht wurde. Männer mit einem hohen Testosteronspiegel zeigen eher dominantes und aggressives Verhalten, aber auch situationsbedingt (vor einem sportlichen Wettkampf) steigt der Testosteronspiegel an. Die zwei Bestandteile des Machtmotivs sind Hoffnung auf Macht und Furcht vor Machtverlust. Die sozialpsychologische Forschung unterscheidet mehrere Formen von Macht: Belohnungsmacht, Bestrafungsmacht, Legitime Macht, Identifikationsmacht und Expertenmacht. Ein personalisiertes Machtmotiv geht mit einer niedrigen Aktivitätshemmung einher und hat zum Ziel sich selbst stark und mächtig zu fühlen. Ein sozialisiertes Machtmotiv beinhaltet eine hohe Aktivitätshemmung. Letztere ist

---

[7] ebenda, S. 59f.
[8] Vgl. Rothermund, K./Eder, A.: 2011, S. 119.

durch ein hohes Verantwortungsbewusstsein für das Kollektiv/die Gemeinschaft [9] gekennzeichnet. Ein Beispiel für das Machtmotiv ist somit beispielsweise häusliche Gewalt mit dem Ziel, den Partner zu unterwerfen, um sich selbst als mächtig zu erleben. Ein anderes Beispiel ist ein Lehrer, der es genießt, seinen Schülern aufgrund seiner Position ein Unterrichtsfach näher bringen zu können. Er nutzt die Macht, um sie von der Sinnhaftigkeit des Unterrichtsinhaltes zu überzeugen.

Das **Anschlussmotiv**[10] bezieht sich auf Kontakte zu noch fremden Personen (während das Intimitätsmotiv bestehende Beziehungen intensivieren soll). Physiologisch zeigt sich eine Korrelation mit Progesteron und Oxytocin, was bisher vor allem bei Frauen gut untersucht ist. Beobachten lässt sich das im Zusammenhang mit der Mutter-Kind-Bindung. Die Aktivierung des Bindungssystems aktiviert außerdem den Parasympathikus und erhöht die Dopaminkonzentration, was das Immunsystem stärkt[11]. Menschen mit einem hohen Anschlussmotiv integrieren sich schnell in Gruppen, kooperieren und möchten sich zugehörig fühlen. Weiterhin zeigen sie in Gruppenarbeiten bessere Leistungen als in kompetitiven Aufgaben in Form einer Einzelleistung. Man unterscheidet die Hoffnung auf Anschluss, welche mit Selbstsicherheit, Freundlichkeit, Zuversicht und Gelassenheit einhergeht. Eine andere Motivkomponente ist die Furcht vor Zurückweisung, welche zu vorsichtiger Distanz im Kontakt zu fremden Menschen führt. Bei zu hoher Ausprägung ist eine Einschränkung der Selbstwirksamkeitsüberzeugung zu beobachten. Diffuse Signale von Interaktionspartnern werden eher negativ interpretiert, was zu Missverständnissen, Ohnmacht und Verzweiflung führen kann. In sozialen Situationen zeigen sich Überforderung, Pessimismus und ein geringes Selbstwertgefühl. Beispielsweise wird Hilflosigkeit ausgelöst, wenn ein Interaktionspartner ein Telefonat vergisst, mehr Zeit für die Fortsetzung der Interaktion benötigt oder ein höheres Distanzbedürfnis hat.

A1.3 Messen von Motiven und Konsequenzen für die Personalauswahl

Die Messung [12] dieser drei Motive basiert auf Freuds Projektionskonzept, deshalb werden Personen in Situationen gebracht, in denen sich das entsprechende Motiv zeigt. Der thematische Apperzeptionstest besteht aus Bildern mit Alltagsszenen, deren Inhalt nicht eindeutig ist und vom Probanden interpretiert wird. So lassen sich unbewusste

---

[9] Vgl. Rothermund, K./Eder, A.: 2011, S. 120.
[10] Vgl. Winke-Fischer, S.: 2013, S. 60f.
[11] Vgl. Rothermund, K./Eder, A.: 2011, S. 126.
[12] Vgl. Winke-Fischer, S.: 2013, S. 61ff.

Motive und Neigungen offenbaren. Ein Problem dieses Tests ist die inhaltliche Auswertung, weshalb weitere Modifizierungen erfolgten. Eine andere Option zur Motiverfassung ist das Multi-Motiv-Gitter (ein semi-projektives Verfahren). Auch hier werden Bilder benutzt, allerdings sind die Statements vorgegeben, was die Auswertung erleichtert. Die Antworten beziehen sich auf jeweils beide Teilkomponenten der Motive. Eine dritte Variante ist das Personality Research Form. Hier werden Aussagen zu den Motiven als zutreffend oder unzutreffend angekreuzt, was einer direkten Messung entspricht. Allerdings können sich Menschen bei der Selbsteinschätzung irren, da die Motivaktivierung oft unbewusst ausgelöst wird. Auch absichtliche Verzerrungen zugunsten eines vorteilhaften „Images" sind möglich, was vor allem bei Bewerbungen auf bestimmte Stellen/Positionen eine Rolle spielt. Projektive Verfahren werden in der Personalauswahl kaum eingesetzt, da die Interpretation großen psychologischen Sachverstand erfordert. Um einen geeigneten Bewerber auszuwählen, sind aussagekräftigere Methoden und Kriterien heranzuziehen wie Persönlichkeitstests, Typentests, Neigungsorientierungen, Qualifikationen und Ziele. Projektive Verfahren werden in anderen Anwendungsfeldern der psychologischen Diagnostik eingesetzt, zum Beispiel in der Forensik. Tendenziell finden allerdings zunehmend Methoden Anwendung, welche Reaktionen des Bewerbers nicht auf vorgegebene Antwortmöglichkeiten begrenzen[13].

A2

A2.1 Bestandteile von Emotionen

Emotion als Begriff[14] kommt wörtlich aus dem Lateinischen. „E-movere" bedeutet Bewegung. Eine Emotion kann als momentane Dysbalance der Psyche bezeichnet werden. Emotionen beeinflussen unter anderem die Aufmerksamkeit, soziale Interaktionen und das Verhalten. Sie sichern grundlegend das Überleben. Emotionen sind Konstrukte, also nicht direkt beobachtbar und somit nicht sicher zu deuten. Im Kontext der emotionspsychologischen Betrachtung sind die Begriffe Affekt, Gefühl, Stimmung und Empathie abzugrenzen. Affekt bezeichnet kurze und intensive Emotionszustände mit starken Verhaltenstendenzen. Gefühl beschreibt das subjektive Empfinden einer Emotion ohne Ausdruck oder Handeln. Eine Stimmung hält über mehrere Tage an, ist aber weniger intensiv als der Affekt und sie ist weniger auf den

---

[13] Vgl. Hossiep, R./Mühlhaus, O.:2005, S. 35.
[14] Vgl. Winke-Fischer, S.: 2014, S. 9-14.

8

Auslöser bezogen. Empathie beinhaltet eine soziale Komponente, das Mitgefühl, und somit das Einfühlen in den emotionalen Zustand einer anderen Person. Der Begriff Emotion wird in der wissenschaftlichen Literatur zur umfassenden Beschreibung emotionaler Phänomene verwendet. Wichtige Bestandteile von Emotionen sind Bewertungen (als gut oder schlecht), die Handlungsvorbereitung und die Kommunikation. Vereinfacht gesagt erhalten wir eine Information, die wir bewerten und auf die wir reagieren. Emotionen betreffen also mehrere Ebenen und können als psychophysische Zustände angesehen werden. Die Gefühlserlebenskomponente beinhaltet das Erleben eines spezifischen Gefühls wie Angst oder Freude, was als angenehm oder unangenehm und außerdem als Erregung oder Entspannung wahrgenommen wird. Die Ausdruckskomponente betrifft körperliche Reaktionen wie Mimik, Gestik, Stimme und muskuläre Anspannungen. Emotionsbezogene Aufmerksamkeit, Vorstellungen, Gedanken und erwartete Konsequenzen werden in der Kognitionskomponente zusammengefasst. Die Tendenz zu einer potentiell möglichen Handlung wird Motivationskomponente genannt. Außerdem gibt es die Verhaltens/Handlungskomponente, also die Ausführung eines spezifischen Verhaltens oder einer Handlung und schließlich die somatische Komponente. Damit ist die Beeinflussung des Zentralnervensystems und des vegetativen Nervensystems, der Muskulatur, des Immunsystems, des Stoffwechsels und des Hormonhaushalts gemeint.

A2.2 Emotionstheorien

Emotionstheorien versuchen herauszufinden, was Emotionen sind, welche Ursachen sie haben und wie sie das menschliche Verhalten steuern. Es gibt evolutionsbiologische, behavioristisch-lerntheoretische, kognitive, neuro- und psychophysiologische Ansätze und kognitive Bewertungstheorien[15]. Allgemein lassen sie sich alle als Versuch bezeichnen, physiologische und psychische Aspekte des Erlebens zu erklären[16]. Ausführliche Beschreibungen aller Theorien würden den Rahmen einer Eingabearbeit sprengen, deshalb wird sich im Folgenden auf vier Beispieltheorien aus zwei Ansätzen beschränkt, wobei die Theorien jeweils gegenübergestellt werden.

---

[15] Vgl. Winke-Fischer, S.: 2014, S. 45.
[16] Vgl. Gerrig, R./Zimbardo, P.: 2008, S. 459.

A2.2.1 Zwei psychophysiologische Theorien

Die **James-Lange-Theorie**[17] ist die erste physiologische Theorie zur Emotionsgenese. Es wird angenommen, dass nicht körperlich auf Emotionen reagiert wird, sondern umgekehrt Emotionen durch somatisches Feedback hervorgerufen werden. Die wichtigste Rolle in der Emotionskette wird den viszeralen Reaktionen zugeschrieben, welche Aktionen des autonomen Nervensystems sind. Die Erregung der Nerven findet also in der Peripherie des zentralen Nervensystems statt. Für bestimmte Muster wie Freude oder Angst gibt es laut dieser Theorie spezifische Muster der autonomen Erregung.

Abb.1: James-Lange-Theorie der Emotionsentstehung[18]

Die **Cannon-Bard-Theorie**[19] widerspricht der Theorie von James und Lange, indem sie den Fokus der Aktivität auf das Zentralnervensystem legt und besagt, dass viszerale Aktivität keine Bedeutung für das emotionale Erleben hat. Dies wurde durch Tierversuche belegt, bei denen das viszerale System operativ vom Zentralnervensystem abgetrennt und festgestellt wurde dass die Tiere auch dann noch emotional reagierten. Emotionen treten schneller auf, als das autonome Nervensystem reagieren kann. Cannon und Bard postulieren zwei gleichzeitige Effekte durch einen emotionalen Stimulus: eine körperliche Reaktion über das sympathische Nervensystem und eine psychische Reaktion in Form eines subjektiven Emotionserlebens über den Cortex. Laut dieser Theorie bestehen beide Effekte unabhängig voneinander. Theoretisch wäre demnach ein Emotionserleben auch ohne körperliche Reaktion ebenso möglich wie eine körperliche Erregung ohne Emotionserleben. Es wird also keine Abhängigkeit der

---

[17] Vgl. Winke-Fischer, S.: 2014, S. 52f.
[18] Vgl. Eigene Darstellung in Anlehnung an Gerrig, R./Zimbardo, P.: 2008, S. 461.
[19] Vgl. Winke-Fischer, S.: 2014, S. 53.

Reaktionen angenommen, was bedeutet, dass der Pulsanstieg bei Ärger nicht zwingend auftritt, genauso wie Ärger nicht mit einem Pulsanstieg einhergehen muss[20].

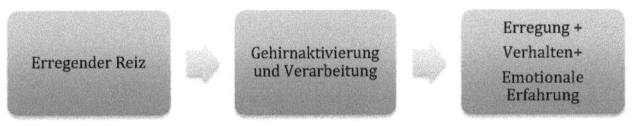

Abb. 2: Cannon-Bard-Theorie der Emotionsentstehung[21]

A2.2.2 Zwei kognitive Bewertungstheorien

Nach der Theorie der kognitiven Bewertung werden Reiz und physiologische Erregung gleichzeitig kognitiv bewertet, wobei situative Hinweise und Kontextfaktoren berücksichtigt werden. Die emotionale Erfahrung resultiert aus einer Interaktion von Erregungsniveau und Art der Einschätzung[22]. Die **Zweifaktorentheorie von Schachter und Singer** [23] ist eine Weiterentwicklung der Theorie von James und Lange, berücksichtigt aber kognitive Aspekte. Sie versucht, die Ursachen und die Unterscheidung von Emotionen zu klären. Im Gegensatz zu James und Lange verstehen Schachter und Singer unter Kognition einen komplexen Informationssuche- und Interpretationsvorgang und nicht nur die Erregungswahrnehmung allein. Sie gehen davon aus, dass eine Emotion durch eine Körperempfindung ausgelöst wird. Nach ihrer Ansicht ist eine physiologische Erregung inhaltsleer, aber beunruhigend und verlangt nach einer Erklärung. Diese Erklärung wiederum entsteht durch die Steuerungsfunktion der Kognitionen, welche auf Hinweisen aus der Situation selbst und Erfahrungen beruht. Körperempfinden und die Vergabe von Bedeutung vollziehen sich simultan bei der Gestaltung der Emotion, wobei durch die Schnelligkeit des Vorgangs nur die entstandene Emotion registriert wird. Zusammenfassend lässt sich sagen, dass Erregung durch einen Stimulus für relativ undifferenziert gehalten wird. Der Mensch registriert diese Erregung und versucht herauszufinden, was er fühlt, wie diese Emotion zu

---

[20] Vgl. Gerrig, R./Zimbardo, P.: 2008, S. 461.
[21] Vgl. Eigene Darstellung in Anlehnung an Gerrig, R./Zimbardo, P.: 2008, S. 461.
[22] Vgl. Gerrig, R./Zimbardo, P.: 2008, S. 461.
[23] Vgl. Winke-Fischer, S.: 2014, S. 57f.

benennen ist und was die eigene Reaktion in diesem Kontext bedeutet [24].
Untersuchungen belegen diese Theorie nicht vollständig. Allerdings fand man heraus,
dass Emotionen zwar meist mit Körperempfindungen einhergehen, aber trotzdem
eigene, voneinander relativ unabhängige, Funktionskreise bilden.

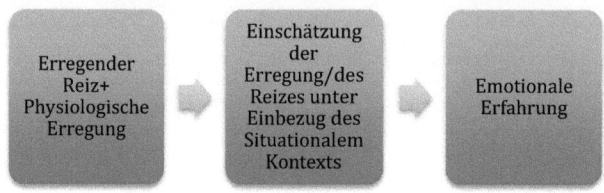

Abb. 3: Theorie der kognitiven Bewertung[25]

Die **kognitiv-motivational-relationale Theorie von Lazarus** [26] stellt die
Zweifaktorentheorie in Frage. Sie geht von einem Bewertungsprozess aus, welche das
emotionsinduzierende Ereignis begleitet und aus welchem sich eine individuelle
Bedeutung ergibt. Diese subjektive Bewertung erfolgt unter Berücksichtigung von
Wichtigkeit und Kontrollierbarkeit des Ergebnisses. Laut Lazarus erfolgt eine rein
kognitive, zweistufige Einschätzung eines emotionalen Stimulus, welche er Primär- und
Sekundärbewertung nennt. Möglich ist auch eine Neubewertung im Anschluss an die
ersten beiden Bewertungsprozesse. Die Primärbewertung ist durch eine Abschätzung
der Situation unter Einbezug der Relevanz für das eigene Wohlbefinden
gekennzeichnet. Wichtige Variablen dafür sind die Vorhersagbarkeit, die
Kontrollierbarkeit und die Zeitdimension der Situation. Parallel dazu schätzt die Person
in einem sekundären Bewertungsprozess die eigenen Ressourcen und
Bewältigungsmöglichkeiten ein. Persönliche Ziele, Motive, Werte und generalisierte
Erwartungen sind relativ stabile beeinflussende Faktoren. Die Neubewertung einer
Situation dient der emotionalen Bewältigungshandlung und Emotionsregulation, wobei
entweder der Kontext (problembezogenes Coping) oder die Emotion
(emotionsbezogenes Coping) modifiziert wird [27]. Es existiert also eine
Rückkopplungsmöglichkeit zwischen Emotion und Handlung, was bedeutet, dass man
seinen Emotionen nicht ausgeliefert ist. Sie werden je nach Kontext und eigenen

---

[24] Vgl. Gerrig, R./Zimbardo, P.: 2008, S. 462.
[25] Vgl. Eigene Darstellung in Anlehnung an Gerrig, R./Zimbardo, P.: 2008, S. 461.
[26] Vgl. Winke-Fischer, S.: 2014, S. 58f.
[27] Vgl. Friedlmeier, W./Holodynsky, M.: 1999, S. 13f.

Motiven hierarchisiert und es besteht eine reife, flexible Handlungsregulation. Diese Fähigkeit unterscheidet kindliche von erwachsenen Reaktionen.

A2.3 Anwendbarkeit und Nützlichkeit der Emotionstheorien

Die ersten beiden in dieser Einsendearbeit vorgestellten Theorien können jede für sich nicht so für die Lösung von Alltagsproblemen genutzt werden. Diese psychophysiologischen Theorien liefern wertvolle Aussagen über das Zusammenspiel bzw. auch vermutlich fehlendes Zusammenspiel von körperlichen Reaktionen und Emotionen. Sie sind allerdings Vorläufer für die Entwicklung weiterer Theorien wie den kognitiven Bewertungstheorien. Diese wiederum sind sehr gut für die praktische Umsetzung [28] geeignet, denn in den verschiedenen psychologischen Anwendungsdisziplinen geht es darum, Emotionen selbst oder Verhalten mithilfe von Emotionen zu ändern. Eine dieser Anwendungsgebiete ist die klinische Psychologie als Teildisziplin der angewandten Psychologie. Emotionen sind bei allen psychischen Störungen in irgendeiner Art und Weise betroffen, deshalb hat die Emotionspsychologie bei Erkrankungen wie Depression, bipolaren Störungen, Manien und Angststörungen einen großen Nutzwert. Weiterhin sollten Berater, Therapeuten und Coachs die einzelnen Emotionen und deren Funktionen kennen. Ein weiteres Forschungsgebiet ist die Emotionsarbeit nach Hochschild, welches die Anpassung an Emotionsregeln im Praxisalltag untersucht und Anwendung in Mitarbeitertrainings zur Emotionsarbeit findet. Auch im Bereich der Führungskompetenz und beim Erforschen des Zusammenhangs von emotionaler Intelligenz und Führungsverhalten wird die Emotionspsychologie befragt und einbezogen. Die Konsumentenpsychologie ist für den Wirtschaftszweig ein interessantes und lukratives Betätigungsfeld. Hier soll der Verkauf bestimmter Produkte durch das Ansprechen von Emotionen erleichtert und gesteigert werden. Eine weitere Disziplin ist die Arbeits- und Organisationspsychologie. Wichtige Aspekte sind hier zum Beispiel: positive Emotionen zur Förderung von Arbeitsleistung hervorrufen, die Steuerung des Individuums durch Emotionen bei der Arbeit einbeziehen, das Herstellen eines „Flow-Zustandes", die Funktion von Anerkennung beachten, soziale Interaktionen analysieren, Organisationsmerkmale als Einflussfaktoren auf Emotionen untersuchen und den Zusammenhang von Arbeitsleistung und Arbeitszufriedenheit sichtbar machen.

---

[28] Vgl. Winke-Fischer, S.: 2014, S. 65-78.

A2.4 Vertiefung der kognitiv-motivational-relationalen Theorie von Lazarus

Lazarus forschte in seinen Arbeiten hauptsächlich zu den Themen Stress und Emotion, wobei beide seiner Ansicht nach sehr eng miteinander verknüpft sind. Er geht davon aus, dass Situationen nicht per se gut oder schlecht sind, sondern erst durch die Bewertung des Individuums dieses „Etikett" erhalten. Die Bewertung entsteht aus der Einschätzung des Ziels und der möglichen Bewältigung der realen Gegebenheiten. Ein Beispiel soll dies verdeutlichen. Angenommen eine Person soll in ihrem beruflichen Umfeld eine Präsentation zu einem vorgegebenen Thema ausarbeiten und halten, so ist dies die Ausgangssituation. Nun besteht die Möglichkeit, die Situation positiv/neutral („Endlich kann ich mich beweisen" oder „Ich fange mit der Ausarbeitung rechtzeitig an") oder negativ („Ich hasse Präsentationen, ich kann einfach nicht überzeugen") zu bewerten, was als Primärbewertung bezeichnet wird. Sofort im Anschluss oder parallel dazu findet die Sekundärbewertung statt. Das eigene Bewältigungsvermögen wird dabei eingeschätzt. Auch hier kann es eine positive („Ich habe noch genügend Zeit, ich bin kompetent in diesem Fachgebiet") oder negative („Das schaffe ich niemals, jeder wird mir meine Unsicherheit ansehen") Einschätzung geben. Überwiegt eine positive Einschätzung, kann die Situation als Herausforderung gesehen werden. Wird sie eher negativ bewertet, wirkt sie bedrohlich und es werden Angst und Stress ausgelöst, was sich unter anderem in Schlaflosigkeit vor dem Präsentationstermin äußern kann. Es gibt noch eine dritte Möglichkeit der Bewertung, die Neubewertung. Sie findet statt, wenn das Individuum sich selbst als kompetenter empfindet als es ist und in der Situation nicht besteht. In diesem Beispiel könnte es das Fehlen eines roten Fadens im Vortrag sein. Ebenso ist es denkbar, dass sich eine Person trotz negativer Situationseinschätzung der Aufgabe stellt und plötzlich die Erfahrung macht, dass sie eine Präsentation anforderungsgerecht halten kann und das negative Selbstbild nicht unbedingt der Außenwirkung entspricht.

A3

A3.1 Job Rotation, Job Enlargement und Job Enrichment

Job Rotation kann auch als Arbeitswechsel bezeichnet werden und ist wie Job Enrichment und Job Enlargement ein Bestandteil der Arbeitsstrukturierung[29], welche

---

[29] Vgl. Kauffeld, S.: 2011, S.208f.

sich damit beschäftigt, einem Arbeitsplatz spezielle Aufgaben zuzuweisen. Der Handlungsspielraum des Arbeitnehmers wird dabei vom Tätigkeits-, Entscheidungs- und Kooperationsspielraum gebildet. Den Begriff Job Rotation verwendet man für das systematische und geplante Wechseln von Tätigkeiten, wodurch einerseits Mitarbeiterkompetenzen gefördert, andererseits Arbeitsmonotonie und einseitige Arbeitsbelastung vermieden werden sollen. Der Wechsel der Arbeitsaufgabe erfolgt in vorgeschriebener oder selbstgewählter Zeit- und Reihenfolge bis zum Rundumwechsel zwischen allen Arbeitskräften in allen Arbeitsbereichen[30]. Im Montagebereich würde also bei einer Fertigung von vier Montageteilen nicht nur speziell ein Mitarbeiter das gleiche Montageteil zusammensetzen sondern befähigt werden, alle vier nacheinander zu montieren wobei er mit seinen Kollegen wechselt. Job Enlargement bedeutet die quantitative Ausweitung des Arbeitsbereiches auf zusätzliche Tätigkeiten. Meist betrifft dies benachbarte Aufgabengebiete. Als Beispiel kann hier eine Person im Einkauf eines Lebensmittellagers genannt werden, der neben seiner Haupttätigkeit der Bestellung auch Angebote einholen und Daten aktualisieren darf. Beim Job Enrichment wird eine Tätigkeit durch den Erhalt von mehr Kompetenz und Verantwortung aufgewertet, wodurch die Entscheidungsbefugnis und der Handlungsspielraum erweitert werden[31]. Der Arbeitnehmer erhält somit mehr Kontrolle und kann seine Arbeitstätigkeit selbst planen und überprüfen. Es erfolgt somit eine inhaltliche und damit qualitative Vergrößerung des Arbeitsfeldes. Planungs- Kontroll- und Entscheidungskompetenzen von hierarchisch höheren Stellen werden übernommen. Im tatsächlichen Arbeitsumfeld werden diese drei Arbeitsstrukturierungsmaßnahmen auch oft verschiedentlich kombiniert.

A3.1.1 Einsatz, Vor- und Nachteile der Maßnahmen

Alle drei Maßnahmen sind auch Bestandteile des Personaleinsatzes[32]. Job Rotation bezeichnet ursprünglich den Wechsel zwischen gleich- oder ähnlich wertigen Aufgaben und zählt somit zur Aufgabenerweiterung. Vorteile dieser Maßnahme für den Arbeitnehmer sind Abbau einseitiger Überlastung und Monotoniegefühlen, Interessensteigerung an einzelnen Aufgaben, eine etwas höhere Arbeitszufriedenheit, Knüpfung sozialer Kontakte, Steigerung der Anpassungsfähigkeit, Erkennen von Arbeitszusammenhängen, neue Herausforderungen, Verfügbarkeit mehrerer eingeübter

---

[30] Vgl. Gebert, D./Rosenstiel, L. von : 2002, S. 331.
[31] Vgl. Gros, E.: 1994, S.145.
[32] D. Personaleinsatz (01.05.2015), URL: http://www.kiehl.de/downloads/209936/lp-54384.pdf.

Arbeiter für einen Arbeitsplatz und Perspektivenwechsel. Als Nachteile sind eine Mindestanzahl von Mitarbeitern, Herausfallen aus dem sozialen Arbeitsgefüge der Gruppe, Einübungsaufwand mit Überforderungsgefühl des Mitarbeiters, Verzögerungen/Stockungen im Arbeitsablauf und gegebenenfalls eine ablehnende Haltung von Vorgesetzten zu nennen. Mittlerweile wird auch ein spontaner externer oder auch ein vom Mitarbeiter selbst initiierter Arbeitsplatzwechsel oder auch ein leicht höherwertiger Wechsel dazugerechnet. So kann die fehlende Komponente der Flexibilisierung und Individualisierung bei der Job Rotation etwas ausgeglichen werden. Ein Verwendungsbeispiel ist die Montagearbeit [33] mit Wechsel im Wochenrhythmus, wobei auf eine Woche Fahrwerksmontage jeweils eine Woche Motor- und Getriebemontage, Innenausstattung, Elektrik und Funktionsprüfung erfolgt. Danach beginnt man wieder von vorn. Job Enlargement fügt eine neue qualitativ gleich oder ähnlich wertige Aufgabe zum bisherigen Aufgabenbereich eines Mitarbeiters hinzu. Dies könnten vor- oder nachgelagerte Aufgaben mit mehr Entscheidungs-, Planungs- und Kontrollmöglichkeiten sein. Vorteile sind eine höhere Arbeitszufriedenheit, Kostensenkung durch Personaleinsparung, Verhinderung von Monotonie, stärkere Identifikation mit der Aufgabe, verbesserte Verknüpfung verschiedener Arbeitsbereiche und Korrektur überzogener Spezialisierungen. Als nachteilig können die notwendigen Fortbildungen, Anpassung an vermehrte Pflichten, Unfähigkeit zum Wachsen an der Aufgabe und Widerstände gegen Veränderungen empfunden werden. Außerdem sollten die Aufgabenelemente einen abgeschlossenen Arbeitszyklus bilden, um keine zusätzlichen subjektiven Belastungen zu schaffen. Das Prinzip eines Prozesses sollte erkennbar sein. Als Beispiel dient hier der Werkzeugbau[34]. Wenn die Aufgabe bisher nur Zuschneiden war, wird sie nun um das Entgraten, Glätten und Transportieren der Werkstücke erweitert. Job Rotation und Job Enlargement fehlt die individuelle Komponente, welche beim Job Enrichment zum Tragen kommt. Ausgangspunkt dafür sind die Arbeiten von Herzberg et al.[35], welche die Dimensionen Arbeitszufriedenheit und Arbeitsunzufriedenheit untersuchten. Demnach hängen die Faktoren dieser Dimensionen eng mit dem Arbeitsinhalt zusammen, welcher im positiven Sinne den Bedürfnissen nach Selbstverwirklichung entspricht und leistungsmotivierend wirkt. Diese Motivation soll durch Job Enrichment

---

[33] Wirtschaftslexikon (01.05.2015), URL: http://www.wirtschaftslexikon24.com/d/job-rotation-arbeitsplatzwechsel/job-rotation-arbeitsplatzwechsel.htm.
[34] Wirtschaftslexikon (01.05.2015), URL: http://www.wirtschaftslexikon24.com/d/job-rotation-arbeitsplatzwechsel/job-rotation-arbeitsplatzwechsel.htm.
[35] Vgl. Ulich, E.: 2005, S. 203-211.

erreicht werden. Hierfür wird dem bestehenden Arbeitsbereich eine neue qualitativ höher wertige Aufgabe hinzugefügt, welche anspruchsvoller und somit interessanter ist. Das kann der Höherqualifizierung des Mitarbeiters dienen, sie in anderen Fällen aber auch voraussetzen. Es wird ein Raum geschaffen, in dem Das Individuum sich selbst als leistungsfähig erleben und sich entwickeln kann. Es besteht die Möglichkeit der Persönlichkeitsentfaltung, Selbstverwirklichung und echtem Sinnerleben. Die Individualisierung besteht unter anderem darin, die Arbeitsgeschwindigkeit und - abfolge weitgehend selbst bestimmen zu können. Es können ungenutzte Potentiale erkannt und genutzt werden. Auch die Wettbewerbsfähigkeit als lernendes Unternehmen wird gefördert. Nachteile dieser Maßnahme können Unzufriedenheit bei Überforderung durch zu schnelle Maßnahmeneinführung, Aufwand und Kosten eventueller Fortbildungsmaßnahmen sein. Die Zufriedenheit steigt auch nur bei denjenigen Mitarbeitern, die eigene Verantwortung nicht scheuen und keine strikt reglementierten Aufgaben bevorzugen. Eine genaue Analyse der Belegschaft ist somit vor Einführung aller dieser drei Maßnahmen, beim Job Enrichment aber besonders, erforderlich. Daraus lässt sich, ableiten, das in einem streng hierarchisch aufgebauten Unternehmen mit Mitarbeitern, die strikte Vorgaben hinsichtlich des persönlichen Aufgabenbereiches bevorzugen oder benötigen, keine der drei Arbeitsstrukturierungsmaßnahmen erfolgreich eingesetzt werden kann. In so einem Fall kann es sein, dass das Unternehmen samt seiner Mitarbeiter mit dieser Form der Arbeitsgestaltung zufrieden ist, da es verschiedene Formen des Konstrukts Zufriedenheit gibt. Eine Neuerung erfordert Umstrukturierungen, die sowohl von Arbeitgebern als auch von Arbeitnehmern angefordert, angenommen und umgesetzt werden müssen. Die verschiedenen Möglichkeiten der Erweiterung des Arbeitsbereiches sollten dabei idealerweise als Herausforderung und Bereicherung, weniger als Bedrohung wahrgenommen werden. Bei gewünschter und erfolgreicher Einführung des Job Enrichments lässt sich im Idealfall eine Steigerung des Commitments[36] feststellen, also der Verpflichtung oder auch der Bindung an ein Unternehmen, der Übernahme der Werte und Ziele und der Wunsch, sich für die Organisation in erheblichem Maße zu engagieren.

---

[36] 4managers (01.05.2015) URL:http://4managers.de/management/themen/commitment/

A3.2 Habithierarchie

Die Habithierachie [37] oder auch „Gewohnheitshierarchie" ist Teil von Hulls behavioristischer Theorie der Motivation. Hull war ein wichtiger Vertreter des Behaviorismus und prägte ein recht mechanistisches Bild der Psychologie. Kognitive Prozesse werden in dieser Theorie ausgeschlossen, Versuchsabläufe sind streng kontrolliert, die Erkenntnisse werden aus Tierversuchen abgeleitet und auf den Menschen übertragen. Die Umweltvariablen spielen dabei eine größere Rolle als Denkprozesse. Erwartungen, Ziele und Wünsche werden zugunsten mathematischer Verhaltensberechnungen außer Acht gelassen, wofür Reiz-Reaktions-Verbindungen Rückschlüsse liefern sollen. Interindividuelle Unterschiede mussten allgemeingültigen Prinzipien weichen. Zudem wird (ähnlich wie bei Freud) eine hohe Triebsteuerung angenommen. Laut Hull sind potentielle Reize physiologische Mangelzustände, welche die Motivation nach Behebung dieses Zustandes auslösen, das Individuum strebt also nach Befriedigung. Ein wichtiger Widerspruch zum Grundverständnis des Behaviorismus wird dabei ignoriert. Ein Bedürfnis wie zum Beispiel Hunger ist keine Umweltvariable sondern ein interner Stimulus und dürfte laut dieser Theorie nicht zum auslösenden Reiz erklärt werden. Trotzdem sind Triebe wichtige Variablen für motiviertes Verhalten. Eine hohe Triebstärke nach langer Deprivation löst sehr wahrscheinlich ein Verhalten aus, wobei sich Hull in seinen Studien auf primäre Triebe beschränkte. Zur Vorhersage menschlichen Verhaltens ist nicht nur die Triebstärke sondern auch der konkrete Ablauf seiner Handlungen wichtig. Wenn ein Mensch Hunger hat, kann er einkaufen gehen, sich etwas kochen, ein Restaurant besuchen, sich Essen bringen lassen oder sich beim Nachbarn einladen. Individuen bilden also Gewohnheiten aus, die bei der Vorhersage des Verhaltens helfen. Thorndike postuliert das Lernen am Erfolg. Führt eine der Strategien zu einem Sättigungserlebnis, wird dieses Verhalten in Zukunft wahrscheinlich wieder auftreten. Laut Habithierarchie wählt man nun aber nicht jedes Mal diese eine erfolgreiche Lösung. Vielmehr hat der Mensch eine Gesamtheit/Reihenfolge dieser Optionen angelegt, aus denen er auswählen kann. Die Möglichkeit mit den meisten positiven Konsequenzen steht ganz oben in der Hierarchie, das Verhalten mit den meisten negativen (oder am wenigsten positiven) Konsequenzen ganz unten und wird am seltensten ausgewählt. Ein Versuchsleiter kann durch Belohnung oder Nichtverstärkung Einfluss auf die Gewohnheitshierarchie nehmen. Nach Hull ist das zu erwartende Verhalten das Ergebnis von Trieb- und

---

[37] Vgl. Winke-Fischer, S.: 2013, S. 20-24.

Habitstärke. Ohne Triebstärke also kein Verhalten. Allerdings kann eine hohe Triebstärke ohne Handlungsoptionen bestehen, dann erfolgt auch kein Verhalten. Hull bemerkte, dass seine Versuchstiere auch ohne verstärkte Belohnung einen Labyrinth-Aufbau erkundeten. Sie wählten sogar neue Wege, wenn sie sicher waren, dass das Futter an einer anderen Stelle war. Hull weigerte sich, eine kognitive Variable anzuerkennen und erklärte das Verhalten mit Muskelermüdung. Diese Erklärung wurde mittlerweile widerlegt. Die Tiere wechseln die Richtung aus Neugier. Evolutionär macht es auch Sinn, mehrere potentielle Futterquellen zu kennen. Die Habithierachie wird also aus umgestellt, sobald Kognitionen ins Spiel kommen. Auch die Bewertung des Anreizes entsteht durch kognitive Prozesse (im Tierexperiment zum Beispiel die Futterqualität).

Literaturverzeichnis

Friedlmeier, W./Holodynsky, M.: Emotionale Entwicklung, Funktion, Regulation und soziokultureller Kontext von Emotionen, Heidelberg und Berlin 1999

Gebert, D./Rosenstiel, L. von : Organisationspsychologie, Stuttgart 2002

Gerrig, R./Zimbardo P.: Psychologie, Hallbergmoos 2008

Gros, E.: Anwendungsbezogene Arbeits-, Betriebs- und Organisationspsychologie, Göttingen 1994

Hossiep, R./Mühlhaus, O.: Personalauswahl und –entwicklung mit Persönlichkeitstests, Göttingen 2005

Kauffeld, S.: Arbeits-, Organisations- und Personalpsychologie, Heidelberg 2011

Rothermund, K./Eder, A.: Motivation und Emotion, Wiesbaden 2011

Ulich, E.: Arbeitspsychologie, Stuttgart 2005

Winke-Fischer, S.: Emotionen, Studienbrief der SRH FernHochschule Riedlingen, Riedlingen 2014

Winke-Fischer, S.: Motivation, Studienbrief der SRH FernHochschule Riedlingen, Riedlingen 2013

Internetquellen

D. Personaleinsatz (01.05.2015), URL: http://www.kiehl.de/downloads/209936/lp-54384.pdf

4managers (01.05.2015) URL: http://4managers.de/management/themen/commitment/

Wirtschaftslexikon (01.05.2015), URL: http://www.wirtschaftslexikon24.com/d/job-rotation-arbeitsplatzwechsel/job-rotation-arbeitsplatzwechsel.htm